BEI GRIN MACHT SICH IHR WISSEN BEZAHLT

- Wir veröffentlichen Ihre Hausarbeit,
  Bachelor- und Masterarbeit

- Ihr eigenes eBook und Buch -
  weltweit in allen wichtigen Shops

- Verdienen Sie an jedem Verkauf

Jetzt bei www.GRIN.com hochladen und kostenlos publizieren

Bibliografische Information der Deutschen Nationalbibliothek:

Die Deutsche Bibliothek verzeichnet diese Publikation in der Deutschen National-
bibliografie; detaillierte bibliografische Daten sind im Internet über http://dnb.d-
nb.de/ abrufbar.

Impressum:

Copyright © 2016 GRIN Verlag
Druck und Bindung: Books on Demand GmbH, Norderstedt Germany
ISBN: 9783668778320

Dieses Buch bei GRIN:

https://www.grin.com/document/435380

Dominik Kropp

Aus der Reihe: e-fellows.net stipendiaten-wissen

e-fellows.net (Hrsg.)

Band 2797

Vergleich von Netzwerk- und relationalen Datenbanken

GRIN Verlag

GRIN - Your knowledge has value

Der GRIN Verlag publiziert seit 1998 wissenschaftliche Arbeiten von Studenten, Hochschullehrern und anderen Akademikern als eBook und gedrucktes Buch. Die Verlagswebsite www.grin.com ist die ideale Plattform zur Veröffentlichung von Hausarbeiten, Abschlussarbeiten, wissenschaftlichen Aufsätzen, Dissertationen und Fachbüchern.

Besuchen Sie uns im Internet:

http://www.grin.com/

http://www.facebook.com/grincom

http://www.twitter.com/grin_com

FOM Hochschule für Oekonomie & Management Dortmund

Berufsbegleitender Studiengang
Wirtschaftsinformatik, 3. Semester

Hausarbeit im Fach Datenbankmanagement

über das Thema

Vergleich von Netzwerk- und relationalen Datenbanken

Autor: Dominik Kropp
Abgabe: 10.01.2016

Inhaltsverzeichnis

Abkürzungsverzeichnis

CODASYL .... Conference on Data Systems Languages

NDL .... Network Database Language

SQL .... Structured Query Language

Abbildungsverzeichnis

1 Einleitung

Das Thema dieser Hausarbeit ist der Vergleich von zwei Datenbankmodellen, dem Netzwerk- und dem relationalen Datenbankmodell. Beide Modelle dienen der formalen Modellierung von Datenstrukturen. Chronologisch betrachtet entstand das Netzwerk-Datenbankmodell vor dem relationalen, das versucht, die Schwächen des älteren Modells zu kompensieren. Heute hat sich das relationale Datenbankmodell zum Standard für Unternehmen weltweit etabliert und wird daher sogar in Schulen unterrichtet.

Ziel dieser Arbeit ist der Vergleich der beiden Datenbankmodelle. Zu diesem Zweck wird zunächst deren Aufbau erläutert und ein kurzer geschichtlicher Überblick gegeben. Anschließend werden die Modelle unter definierten einheitlichen Untersuchungskriterien gegenübergestellt, bewertet und abschließend beurteilt.

Folgende Fragen sollen im Zuge dieser Arbeit beantwortet werden: Inwieweit dienen die beiden Architekturen einer benutzerfreundlichen und schnellen Informationssuche in der Datenbank? Beschreiben die Modelle den konzeptionellen Aufbau ausreichend unabhängig von der physikalischen Implementierung? Wie wirken sich infolgedessen Datenstrukturänderungen auf die von der Datenbank abhängigen Anwendungen aus?

2 Aufbau der Datenbankmodelle

Im Folgenden werden zwei logische Datenbankmodelle vorgestellt. Zuerst werden einleitend der geschichtliche Kontext und das Netzwerk-Datenbankmodell erläutert. Anschließend wird die Struktur des relationalen Datenbankmodells charakterisiert.

2.1 Netzwerk-Datenbankmodell

2.1.1 Historisches

Die ersten Datenbankmanagementsysteme basierten auf Dateisystemen und speziell angepassten Anwendungen. Die Nutzer des Systems wurden nicht von den technischen Hintergründen der Dateiablage innerhalb der Datenbank verschont. Das Wissen um die Struktur der physikalischen Implementierung musste bei dem Programmierer vorausgesetzt sein. Dies schränkte die Benutzbarkeit der Datenbanken und die Produktivität stark ein. Erst ab Anfang der zweiten Hälfte des 20. Jahrhunderts bewährte sich die Drei-Ebenen-Architektur.

Bei der Drei-Ebenen-Architektur wird die interne Ebene, d. h. die Einzelheiten der physikalischen Struktur, von der konzeptionellen Modellierungsperspektive und der externen Anwendersicht getrennt. Durch diese Unterteilung der Funktionalitäten nach den Sichtweisen der verschiedenen Benutzergruppen ergibt sich eine klare Trennung von Logik und maschinenorientiertem Denken.[1] Die Drei-Ebenen-Architektur ebnete den Weg für die Benutzung von abstrakten Modellen zur Darstellung der Beziehungen von Daten, wie es auch das hierarchische Datenbankmodell ist.[2]

In den späten 1960er Jahren bekannt gewordene Datenbanksysteme basierten auf dem hierarchischen Prinzip der Datenspeicherung. Primär das von IBM entwickelte Information Management System (IMS) war bis in die 1980er Jahre weit verbreitet. Ein weiteres Beispiel für erfolgreiche hierarchische Datenbanken ist System 2000, das seine Ursprünge in den 1970er Jahren hat.[3] Wenig später wurde von der Conference on Data Systems Languages (CODASYL) das Netzwerk-Datenbankmodell vorgeschlagen, das die strenge Baumhierarchie durch ein flexibleres Netzwerk ablöste.[4]

[1]Vgl. Batini et al. (1992), Seite 29.
[2]Vgl. Abiteboul et al. (1995), Seite 3.
[3]Vgl. Batini et al. (1992), Seite 378.
[4]Metaxides et al. (1971).

2.1.2 Aufbau

Bei dem Netzwerk-Datenbankmodell kann zwischen zwei Strukturelementen unterschieden werden: den Record-Typen und den Sets. Ein Record-Typ umfasst eine Gruppe von Datensätzen, den Records. Die Beziehung zwischen einzelnen Record-Typen wird über explizite Pointermechanismen gesteuert, die sich Set-Typen oder Sets nennen. Ein Owner zeigt über die Sets auf seine Member. Die Sets werden bereits bei der Modellierung definiert und können nicht dynamisch angepasst werden. Ein Record-Typ kann gleichzeitig Member in mehreren Sets und Owner in mehreren Sets sein.[5]

Hierdurch können zwischen Knotenpunkten sowohl 1-zu-1- als auch 1-zu-n-Beziehungen bestehen. N-zu-m-Beziehungen, d. h. mehrere Records des einen werden mehreren Records des anderen Record-Typ zugeordnet, können nur mithilfe eines zusätzlichen Record-Typs abgebildet werden.[6] Abbildung 1 zeigt ein Beispiel für das Netzwerk-Datenbankmodell. Die Record-Typen sind als Rechtecke und die Sets als Pfeile dargestellt.[7]

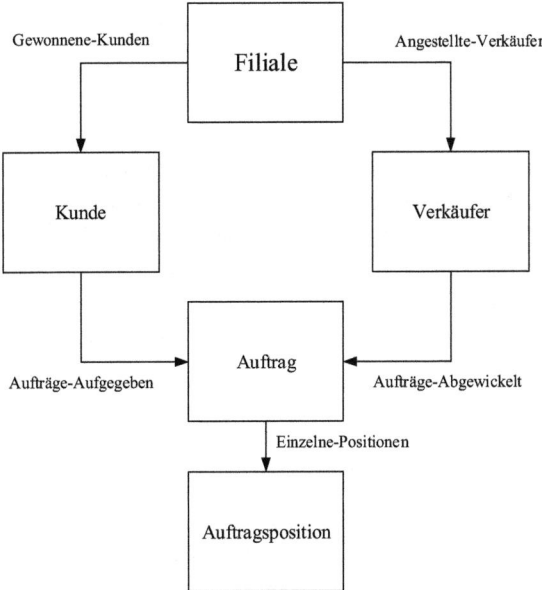

Abbildung 1: Beispiel für ein Netzwerk-Datenbankmodell

---

[5]Vgl. Skronn (1973), Seite 349.
[6]Vgl. Taylor et al. (1976), Seite 72.
[7]Vgl. ebd., Seite 70.

2.2 Relationales Datenbankmodell

Das relationale Datenbankmodell wurde 1970 in einer Arbeit des IBM-Datenbanktheoretikers Edgar F. Codd vorgeschlagen. Es begeisterte viele zeitgenössische Wissenschaftler aufgrund seiner Einfachheit und mathematischen Präzision.[8] Das relationale Modell ist genau wie das hierarchische Modell angetrieben von der Motivation, die technische und logische Ebene der Datenbank zu trennen. Allerdings beobachtete Codd eine Reihe von Nachteilen der existierenden ersten Generation von Modellen und verfolgte daraufhin einen anderen Ansatz.[9]

Beim relationalen Datenbankmodell werden alle Daten in Relationen gespeichert. Jede Relation hat einen eindeutigen Namen und eine beliebige Anzahl von benannten Attributen, jedoch mindestens eins. Stellt man sich eine Relation als Tabelle vor, setzen sich die Spalten aus den Attributen zusammen. Besonders erwähnenswert ist, dass jedes Attribut von Anfang an einen klar definierten Datentyp besitzt und nur zugelassene Werte in die Datenbank übernommen werden. Jede Zeile der Tabelle beschreibt ein eindeutig identifizierbares Tupel. Jedes Tupel besitzt genau einen atomaren Wert für jedes Attribut, wobei Werte auch nicht gesetzt sein können (Nullwert). Die Reihenfolge von Tupeln und Attributen ist nicht relevant.[10]

Um Datensätze, d. h. Tupel, einer Relation eindeutig identifizieren zu können, wird ein Attribut oder eine Kombination von Attributen als Primärschlüssel definiert. Jeder Datensatz kann über diesen unikalen Primärschlüssel adressiert werden. Weitere Attribute, die ein Tupel ebenfalls identifizieren könnten, aber nicht Primärschlüssel sind, nennen sich Schlüsselkandidaten. Ein Schlüssel mit mehreren Attributen wird zusammengesetzter Schlüssel genannt. Neben der Eindeutigkeit muss ein zusammengesetzter Schlüssel auch das Minimalitätsprinzip erfüllen: Keine Teilmenge des Schlüssels darf an sich eindeutig sein, sonst muss der Schlüssel auf diese Teilmenge reduziert werden.

Ein wichtiger Aspekt beim relationalen Datenbankmodell sind Beziehungen zwischen Relationen. Ein Primärschlüsselattribut der einen Relation kann als Fremdschlüsselattribut in einer anderen Relation vorhanden sein. Ein Tupel der einen Relation kann so mit einem Tupel der anderen verknüpft werden. Anders als Primärschlüsselfelder müssen Fremdschlüssel nicht eindeutig sein. Allerdings muss die Referenz vom Fremdschlüssel in Richtung Primärschlüsselfeld der „Mutterrelation" unzweideutig möglich sein, und vor allem darf kein Fremdschlüssel einen Wert repräsentieren, zu dem es keinen Primärschlüssel gibt. Die Bewahrung dieser Regeln wird unter dem Begriff *referenzielle Integrität* zusammengefasst.[11]

---

[8]Vgl. Elmasri et al. (2011), Seite 59.
[9]Vgl. Codd (1970), Seite 377.
[10]Vgl. Connolly et al. (2005), Seite 71 bis 77.
[11]Vgl. ebd., Seite 78 bis 83.

Jeder Attributwert muss vom Datentyp des Attributfeldes sein. Wird hiergegen verstoßen, ist die Relation unnormalisiert. Unter einer Normalisierung versteht man die Eliminierung von komplexen Daten, z. B. Auflistungen von Werten innerhalb einzelner Tupel. Sind alle Attribute frei von Wiederholungsgruppen und von einem atomaren Datentyp, ist die Relation in der ersten Normalform.[12]

Es gibt weitere Normalformen, die Verfahren bieten, um intransitive, d. h. nicht vollständige, Abhängigkeiten der Nichtschlüsselattribute von Primärschlüsselattributen zu eliminieren. In der Theorie sind sechs Normalformen definiert. In der Praxis hingegen wird selten eine höhere Normalform als die dritte umgesetzt, da die Bedingungen schwer zu erkennen oder zu verstehen sind. Eine maximale Normalisierung ist auch nicht unbedingt nötig. Relationen können mit Absicht in einer niedrigen Normalform gelassen werden, wenn dadurch z. B. eine höhere Performance erreicht wird.[13]

Mit dem relationalen Datenbankmodell können 1-zu-1- sowie 1-zu-n-Beziehungen realisiert werden. N-zu-m-Beziehungen zwischen zwei Relationen können nur mithilfe einer zusätzlichen Koppelrelation abgebildet werden.

In Abbildung 2 ist das Modell beispielhaft tabellarisch dargestellt, wobei die Pfeile Beziehungen über Fremdschlüssel darstellen.

Relation Filiale

Filialnr.	PLZ	Adresse	Fläche	Filialleiter
00001	17390	Adam-Berg-Str. 91	95	Schmidt
00002	27446	Stupanusstraße 26	33	Arnte
00003	92224	Elisabeth-Boer-Straße 93	45	Meier

Relation Stadt

PLZ	Name	Einwohner
17390	Ziethen	433
27446	Deinstedt	5066
92224	Amberg	70900
98716	Geraberg	152

Relation Mitarbeiter

Name	Vorname	Gehalt	...
Schmidt	Julia	45.000,00 €	
Arnte	Kai	50.000,00 €	
Meier	Hans	50.000,00 €	
Peters	Jörg	50.000,00 €	

Abbildung 2: Beispiel für ein relationales Datenbankmodell

[12]Vgl. Codd (1970), Seite 381.
[13]Vgl. Elmasri et al. (2011), Seite 518.

3 Untersuchungskriterien

In dieser Arbeit sollen nicht die einzelnen Schwächen und Stärken der beiden Datenbankmodelle aufgelistet werden. Vielmehr sollen vergleichbare Untersuchungskriterien definiert werden, anhand derer eine einheitliche Analyse und Differenzierung durchgeführt werden kann. Diese Kriterien müssen allgemein gehalten sein, damit sie bei beiden Modellen Gültigkeit bewahren. Als geeignet erwiesen sich zwei Untersuchungsansätze:

- Informationssuche

- Strukturelle Unabhängigkeit

Die Informationssuche befasst sich zum einen damit, wie effizient bzw. schnell Informationen aus der Datenbank abgefragt werden können, und zum anderen, wie viel Wissen um die physikalische Implementierung dem Anwender zur Verfügung stehen muss, um Anfragen effektiv zu formulieren.

Die strukturelle Unabhängigkeit befasst sich mit dem Grad der konzeptionellen Abstraktion, den das Modell erreicht, und wie sich resultierend eine Datenstrukturänderung auf abhängige Abfragen und Anwendungen auswirken könnte.

4 Informationssuche

In diesem Abschnitt werden die beiden Datenbankmodelle unter dem Aspekt der Informationssuche in der Datenbank verglichen.

4.1 Netzwerk-Datenbankmodell

Beim Netzwerk-Datenbankmodell zeigt ein Owner-Record-Typ mithilfe eines Sets auf seine Member-Record-Typen. Entlang des Sets kann nun frei navigiert werden, d. h. bei gegebenem Owner-Record kann jeder zugehörige Member-Record gefunden werden und genauso kann bei gegebenem Member-Record jeder Owner-Record angesteuert werden. Ist die Datenbank beispielsweise wie in Abbildung 3 modelliert, kann sowohl die Frage, zu welcher Klasse ein Schüler gehört, als auch die Frage, welche Schüler sich in einer Klasse befinden, beantwortet werden.[14]

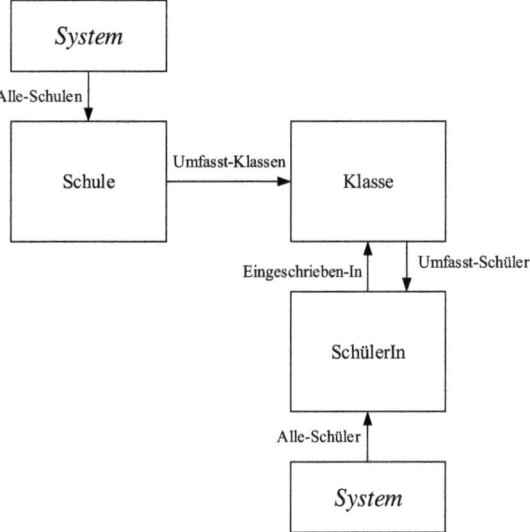

Abbildung 3: Beispiel für ein Netzwerk-Datenbankmodell mit Einstiegspunkten

Die beiden Record-Typen *System* sind hervorgehoben, da diese die Einstiegspunkte für die Informationssuche darstellen. Das Netzwerk-Datenbankmodell bietet nicht die Möglichkeit, an einem beliebigen Record-Typ mit der Suche einzusteigen.[15] Vielmehr muss ein

---
[14]Vgl. Taylor et al. (1976), Seite 71.
[15]Vgl. ebd., Seite 77.

Umweg über diese Einstiegspunkte genommen werden, die nicht dynamisch platziert werden können, sondern genau wie die Sets bereits bei der Datenmodellierung berücksichtigt und bestimmt werden. Möchte man beispielsweise alle Schüler einer gegebenen Klasse herausfinden, muss das Netzwerk zuerst über den Schul-Record zum Klassen-Record traversiert werden. Die Sets „Alle-Klassen" und „Alle-Schüler" werden als singuläre Sets bezeichnet, da die Sets nur einen eindeutigen Owner besitzen und deshalb nur einmal auftreten.[16]

Die Data Definition und Data Manipulation Language für das Netzwerk-Datenbankmodell ist die Datenbanksprache Network Database Language (NDL). Sie orientiert sich genau wie das Modell stark an der physikalischen Struktur der Datenbank und ist daher nicht schnell nachzuvollziehen. Problematisch sind daher kurzfristige Abfragen, da diese nur mit dem Wissen, wie die Daten strukturiert sind, formuliert werden können. Die NDL hat daher im Gegensatz zur weit verbreiteten Structured Query Language des relationalen Datenbankmodells nur wenige Unterstützer.[17]

4.2 Relationales Datenbankmodell

Während beim Netzwerk-Datenbankmodell die Records über hart festgelegte Sets angesteuert werden und die Positionen der Record-Typen dem Programmierer bekannt sein müssen, bietet das relationale Datenbankmodell bei der Navigation ein höheres Level der Abstraktion. Grundsätzlich können nämlich alle Daten unabhängig von ihrer physikalischen Position über eine eindeutige Kombination aus Relationenname, Attributname und Primärschlüssel erreicht werden.[18] Dies bietet eine Reihe von Vorteilen bei der Absetzung von Suchanfragen.

Die Anwendung muss nicht zuerst ein Netzwerk entlang der Sets traversieren, sondern kann eine beliebige Relation als Einstiegspunkt wählen. Das erleichtert die Arbeit des Anwendungsprogrammierers enorm, vor allem da die physikalische Struktur einem ständigen Wandel unterliegt. Im relationalen Datenbankmodell gibt es keine Pointer, die eine Entität mit einer anderen verbinden (zumindest keine für den Anwender sichtbaren). Vielmehr können Relationen dynamisch miteinander verknüpft werden.[19] Beispielsweise können Tupel, die vor einer Suchabfrage nicht in Verbindung standen, mithilfe einer Join-Operation kombiniert werden. Das Ergebnis einer solchen Informationskombination ist eine weitere Relation.[20] Diese Ergebnisrelation wird allerdings nicht persistiert,

---

[16]Vgl. Taylor et al. (1976), Seite 80.
[17]Vgl. Connolly et al. (2005), Seite 116.
[18]Vgl. Codd (1982), Seite 111.
[19]Vgl. Codd (1990), Seite 4.
[20]Vgl. Codd (1982), Seite 112.

weil sie nur im sachlogischen Kontext der Abfrage Sinn macht. Soll eine Fragestellung wiederholt beantwortet werden, muss das Ergebnis auch wiederholt berechnet werden.

Der große Vorteil dieser Verknüpfungsdynamik gegenüber dem Netzwerk-Datenbankmodell ist also, dass Informationen auf eine Art und Weise miteinander in Verbindung gebracht werden können, die zum Zeitpunkt der Erstellung des Datenmodells noch überhaupt nicht angedacht war.

Vorteilhaft bei der Informationssuche im relationalen Datenbankmodell ist außerdem, dass die Darstellungsweise einer Relation als Tabelle fast vollständig legitim ist und universell von allen Benutzergruppen angenommen und verstanden wird. Die einzelnen Spalten der Tabelle sind die Attribute und die Zeilen die Tupel. Anders als bei den Zeilen einer klassischen Tabelle spielt die Reihenfolge der Tupel einer Relation allerdings keine Rolle. Ebenfalls können Tupel auch nicht mit Positionsinformationen, wie „11. Zeile", angesprochen werden.[21]

Das relationale Datenbankmodell führte eine neue Datenbanksprache für Datendefinitionen und -manipulationen, die Structured Query Language (SQL) ein. SQL zeichnet sich durch eine vergleichsweise simple Syntax und nachvollziehbar benannte Funktionen aus. Eine SQL-Abfrage besteht immer aus drei Teilen: In der Projektion werden die auszugebenden Attributfelder festgelegt, im Join werden die auszuwertenden Relationen angegeben bzw. verknüpft und in der Selektion wird das Ergebnis durch Bedingungen eingegrenzt. Mit SQL wird dem Anwender eine Schnittstelle auf einer hohen Abstraktionsstufe bereitgestellt, mit dem er getrennt vom Wissen um die physikalische Struktur flexibel und ad hoc Anfragen an das System stellen kann oder die Datenbank modifizieren kann.[22, 23]

---

[21]Vgl. Codd (1982), Seite 111.
[22]Vgl. Elmasri et al. (2011), Seite 23.
[23]Vgl. Abiteboul et al. (1995), Seite 7.

5 Strukturelle Unabhängigkeit

In der Praxis ist es unzureichend, ein Datenbankmodell aufzustellen und im Laufe der Zeit nie wieder anzupassen. In diesem Abschnitt wird untersucht, inwiefern sich eine Änderung an der Struktur der Datenbank auf die von den Daten abhängigen Anwendungen auswirken könnte.

5.1 Netzwerk-Datenbankmodell

5.1.1 Hinzufügen und Entfernen von Attributen

Soll einem Record-Typ eine Eigenschaft hinzugefügt werden, ist dies zunächst ohne größere Auswirkung möglich. Problematisch wird es erst, sobald das Attribut eine andere Beziehung zu dem Record-Typ besitzt als 1-zu-1, oder das Attribut auf einen anderen Record-Typ verweisen soll. Wird beispielsweise einem „Kunde"-Record-Typ noch das Attribut „Geburtsjahr" hinzugegeben, gibt es keine Komplikationen: die Anwendung, die mit diesen Daten arbeiten möchte, kann ihre Abfrage problemlos erweitern. Aber sollen zu jedem Kunden mehrere Kreditkartennummern gespeichert werden, kann dies nur über einen ausgelagerten assoziierten Record-Typ gelöst werden. Wiederholungsattribute sind genau wie beim relationalen Modell nicht erlaubt.[24] Die entstehenden Komplikationen durch das Hinzufügen von Record-Typen werden unten erläutert.

Entfernt werden kann ein Attribut, solange kein anderes Attribut in Abhängigkeit steht oder es sich um einen Schlüssel handelt. Anwendungen, die mit den betroffenen Records arbeiten, müssen berücksichtigt oder angepasst werden.

5.1.2 Hinzufügen und Entfernen von Objekttypen

Schwierig wird es, wenn das bestehende Datenbankmodell um einen Record-Typ ergänzt werden soll. Zuerst muss genau untersucht werden, wie der neue Record-Typ mit den anderen Entitätstypen des Datenbankmodells zusammenhängt. Die Beziehungen, d. h. die Sets, müssen nämlich von Anfang an mit angelegt werden. Besonders zu beachten ist hierbei, wie auf die Informationen des neuen Record-Typs zugegriffen werden kann. Die Einstiegspunkte für die Informationssuche im Datenbankmodell können nicht verschoben werden, was bedingt, dass es einen Weg geben muss, von mindestens einem Einstiegspunkt über das Netzwerk zu dem neuen Record-Typ navigieren zu können. Der Aufwand,

---

[24]Vgl. Taylor et al. (1976), Seite 69.

die Anwendungen anzupassen, ist ggf. sehr hoch, da sowohl die neuen Datentypen als auch die neuen Sets implementiert werden müssen.

Ähnlich aufwendig ist das Entfernen von Record-Typen, da alle mit ihm verbundenen Sets gelöscht werden müssen. Alle mit dem Record-Typ verbundenen Entitätstypen müssen auf Abhängigkeiten überprüft werden. Der Anpassungsaufwand für die Anwendungen ist auch hier unter Umständen sehr groß.

Zusammenfassend resultieren bei Netzwerk-Datenbanken bereits kleine Änderungen an der Struktur in einen hohen Arbeitsaufwand, der benötigt wird, um sämtliche Anwendungen anzupassen. Dies ist vor allem dadurch bedingt, dass einzelne Daten ausgehend von den Einstiegspunkten nur über „fest verdrahtete" Ketten von Sets zu erreichen sind.[25]

5.2 Relationales Datenbankmodell

5.2.1 Hinzufügen und Entfernen von Attributen

Anders als das Netzwerk-Datenbankmodell bietet das relationale Datenbankmodell ein höheres Level der Abstraktion. Anwender profitieren von dieser logischen und weniger technischen Sicht auf die Daten.

Ein Attribut kann einer Relation problemlos hinzugefügt werden. Stellt das Attribut eine Referenz auf Daten einer anderen Relation dar, wird es als Fremdschlüssel deklariert. Steht das neue Attribut in einer 1-zu-n-Beziehung zu der existierenden Relation, wird das Attribut in einen zusätzlichen Entitätstypen ausgelagert. Anders als beim Netzwerk-Datenbankmodell ergibt sich hierdurch nur ein geringer Anpassungsaufwand, weil Relationen nicht über Sets statisch verknüpft sind und bestehende Abfragen einfach um das entstandene Fremdschlüsselattribut erweitert werden können.

Genau wie beim Netzwerk-Datenbankmodell kann ein Attribut entfernt werden, solange kein anderes Attribut in Abhängigkeit steht oder es sich um einen Schlüssel handelt. Anwendungen, die mit den betroffenen Records arbeiten, müssen berücksichtigt oder angepasst werden.

5.2.2 Hinzufügen und Entfernen von Objekttypen

Das Einfügen von Relationen in ein relationales Datenbankmodell ist einfacher als beim Netzwerk-Datenbankmodell, da nicht auf Einstiegspunkte geachtet werden muss. Steht die neue Relation in Assoziation zu anderen, kann diese über Fremdschlüsselattribute oder

---

[25]Vgl. Codd (1982), Seite 110.

Koppelrelationen hergestellt werden. Anwendungen, die die Daten der neuen Relation nicht benötigen, brauchen im besten Fall gar nicht angepasst zu werden.

Das Löschen von Relationen ist insofern problematisch, als abhängige Relationen und Anwendungen nicht mehr auf die Datensätze zugreifen können. Im Modell selber ist die referenzielle Integrität bedroht. Beachtet man diese Risiken, kann die Relation entfernt werden, ohne dass bspw. technische Pointer wie Sets berücksichtigt werden müssen.

6 Schlussbetrachtung

Das hierarchische und das Netzwerk-Datenbankmodell werden heute als die erste Generation von Datenbankmodellen bezeichnet. Während in den 1960er und 1980er Jahren diese Generation am weitaus verbreitetsten war, gewann die zweite Generation mit dem relationalen Datenbankmodell seit den 1990er Jahren eindeutig die größten Marktanteile.[26] Eine kommerziell erfolgreiche Datenbank auf Basis des Netzwerk-Datenbankmodells war und ist z. B. das Integrated Database Management System von CA Technologies oder das Integrated Data Store/II von Honeywell Information Systems.[27]

Dass das Netzwerk-Datenbankmodell mittlerweile wenige Anhänger besitzt, liegt vor allem an der zu geringen Datenabstraktion. Hiervon profitiert zwar eindeutig die Performance[28], allerdings ist dieser Aspekt mit der seit den 1970ern enorm gestiegenen durchschnittlichen Rechnerleistung in den Hintergrund gerückt. Die Mischung der konzeptionellen Perspektive mit den Einzelheiten der technischen Speicherung bietet eine zu geringe Flexibilität in Hinblick auf Ad-hoc-Abfragen oder der Anpassung von Anwendungen. Mangels benutzerfreundlicher Schnittstellen war die Anwendergruppe auf Softwareentwickler und Datenbankadministratoren beschränkt, die sich zeitintensiv mit der Datenbank über maschinennahe Programmiersprachen auseinandersetzen mussten.[29]

Bei relationalen Datenbanken wiederum besteht eine größere Lücke zwischen der logischen und der physikalischen Struktur, die durch optimierte und wesentlich performantere Computerleistung problemlos überbrückt werden kann. Im Gegensatz zu NDL ist SQL die erste Datenbanksprache, die aufgrund ihrer Einfachheit weite Akzeptanz finden konnte. Auch heute wird weiterhin in die Sprache investiert.[30] SQL bietet ein fortgeschrittenes und vor allem abstraktes Interface, um Daten zu definieren und zu manipulieren.

Das sind die wichtigsten Gründe, warum relationale Datenbanken heutzutage auf fast allen Rechnern oder Servern verwendet werden. Erfolgreiche Systeme sind z. B. DB2 von IBM oder Microsoft Access.[31]

---

[26]Vgl. Elmasri et al. (2011), Seite 24.
[27]Vgl. Batini et al. (1992), Seite 367.
[28]Vgl. Taylor et al. (1976), Seite 88.
[29]Vgl. Elmasri et al. (2011), Seite 23.
[30]Vgl. Connolly et al. (2005), Seite 116.
[31]Vgl. Elmasri et al. (2011), Seite 59.

Literaturverzeichnis

Bücher

[1] Abiteboul, S.; Hull, Richard; Vianu, Victor: Foundations of databases, Addison-Wesley, Reading 1995, ISBN: 978-0-201-53771-0.

[2] Batini, Carlo; Ceri, Stefano; Navathe, Sham: Conceptual database design: an entity-relationship approach, Benjamin/Cummings Pub. Co, Redwood City 1992, ISBN: 978-0-8053-0244-8.

[5] Codd, Edgar F.: The relational model for database management: version 2, Addison-Wesley, Reading 1990.

[6] Connolly, Thomas M.; Begg, Carolyn E.: Database systems: a practical approach to design, implementation, and management, Auflage 4, Addison-Wesley, New York 2005, ISBN: 978-0-321-21025-8.

[7] Elmasri, Ramez; Navathe, Sham: Fundamentals of database systems, Auflage 6, Addison-Wesley, Boston 2011, ISBN: 978-0-13-608620-8.

[8] Metaxides, Appollon et al.: Data Base Task Group Report to the CODASYL Programming Language Committee, April 1971, ACM, New York 1971.

Artikel

[3] Codd, Edgar F.: A relational model of data for large shared data banks, in: *Communications of the ACM*, 1970, Ausgabe 6, S. 377–387.

[4] Codd, Edgar F.: Relational database: a practical foundation for productivity, in: *Communications of the ACM*, 1982, Ausgabe 2, S. 109–117.

[10] Taylor, Robert W.; Frank, Randall L.: CODASYL Data-Base Management Systems, in: *ACM Computing Surveys*, 1976, Ausgabe 1, S. 67–103.

Aufsätze

[9] Skronn, Hans-Jürgen: Gibt es ein Alternativkonzept zu den Datenbanktechniken der Data Base Task Group (CODASYL)?, Springer Berlin Heidelberg, in: *Lecture Notes in Computer Science*, 1973, Ausgabe 1, S. 348–356.